Criaturas rastreras

LOS CIEMPIÉS

GAIL RADLEY

BLACK RABBIT BOOKS

Bolt es una publicación de Black Rabbit Books
P.O. Box 3263, Mankato, Minnesota, 56002.
www.blackrabbitbooks.com

Marysa Storm, editora; Grant Gould, diseñador;
Omay Ayres, investigación fotográfica
Traducción de Travod, www.travod.com

Información del catálogo de publicaciones de la biblioteca del congreso
ISBN 978-1-62310-198-5

Impreso en los Estados Unidos de América

Créditos de las imágenes

Alamy: blickwinkel, 22; Panther Media GmbH, 23; commons.wikimedia.org: Ashley Dace, 29; Duk, 3; EnDumEn, 28; Dreamstime: Mriya Wildlife, 26–27; Taechit Tanantornanutra, 10; Tim Hester, 6 (ciempiés); Getty: TOM MCHUGH, 17; iStock: CSA-Plastock, 1; jungledragoncom: APR CC0, 20–21; Science Source: NATURE'S IMAGES, 22–23 (pie); Shutterstock: AndrewASkolnick, 4–5; aSuruwataRi, 14 (lavabo); Evgeniy Ayupov, 24 (insectos); fivespots, 12–13 (fondo); GlebSStock, 6 (fondo); Henrik Larsson, 24 (araña); Hintau Aliaksei, 24 (sapo); irin-k, 24 (ciempiés); JAAOJA, 11 (superior); khlungcenter, Cubierta; Kristel Segeren, 11 (pie); kzww, 24 (gusano); Mauro Rodrigues, 22–23 (pie); Melinda Fawver, 14 (ciempiés); moj0j0, 12–13 (siluetas); Narupon Nimpai-boon, 15; Pakhnyushchy, 24 (ratón); photomaster, 24 (pajaro); PISUTON'c, 31; sarocha wangdee, 18 (recuadro); SherSS, 18 (grande); Siriporn Schwendener, 28–29; yothinpi, 8–9; zaidi razak, 32

Se ha hecho todo esfuerzo posible para establecer contacto con los titulares de los derechos de autor del material reproducido en este libro. Cualquier omisión será rectificada en impresiones posteriores previo aviso a la editorial.

CONTENIDO

CAPÍTULO 1
Conoce al ciempiés. 4

CAPÍTULO 2
Dónde viven y qué comen. 10

CAPÍTULO 3
Vida familiar. 19

CAPÍTULO 4
Sus funciones en el mundo. 25

Glosario 30

CAPÍTULO 1

Conoce al CIEMPIÉS

Es de noche. Los ciempiés salen de debajo de las rocas y las hojas. Se trasladan sobre muchas patas, van de cacería. Un insecto jugoso sería una comida sabrosa. Uno de los ciempiés detecta un insecto gordo. Ataca y enreda al insecto con sus patas. Con un golpe rápido de sus garras envenenadas deja indefensa a la **presa**. ¡Es la hora de cenar!

Hay alrededor de 3.000 tipos conocidos de ciempiés. Los hay de varios tamaños.

¿CUÁN LARGOS SON?

	longitud pulgadas / cantidad de patas
ciempiés doméstico	alrededor de 1 pulgada (2,5 centímetros) 30 patas
ciempiés de las piedras	hasta 1,75 pulgadas (4 cm) 30 patas
ciempiés de fuego	4 a 8 pulgadas (10 a 20 cm) hasta 60 patas
ciempiés peruano	más de 12 pulgadas (30 cm) hasta 46 patas

Todas esas patas

Los ciempiés son criaturas rastreras llamadas **artrópodos**. Las partes del cuerpo de los artrópodos están hechas de **segmentos**. Cada segmento tiene un par de patas. Los ciempiés tienen entre 15 y 177 pares de patas. Tienen garras venenosas detrás de la cabeza.

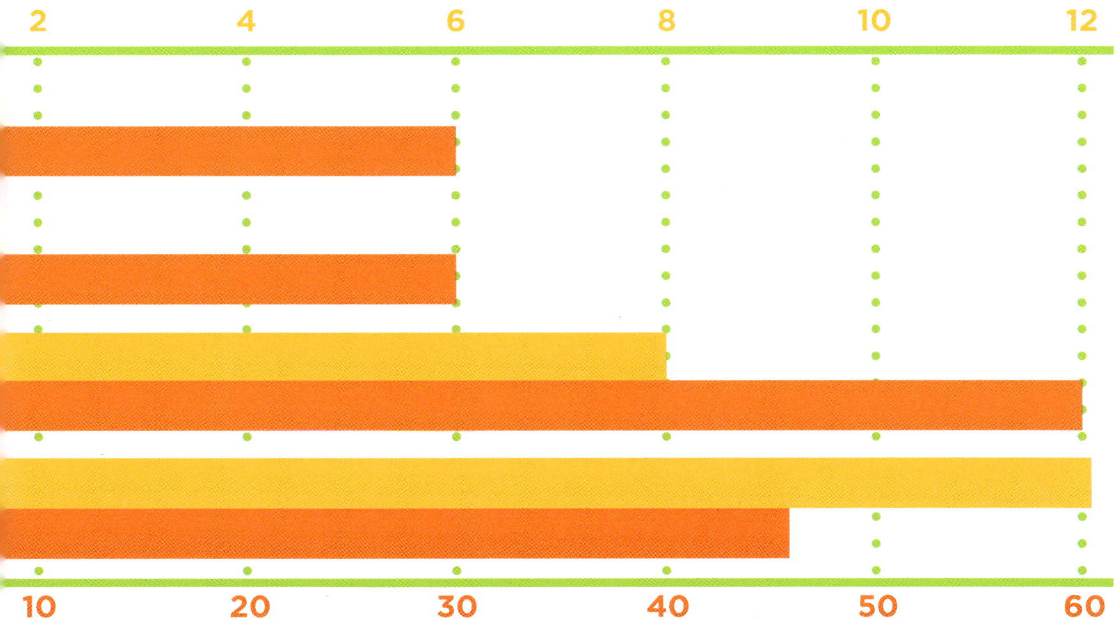

CARACTERÍSTICAS DE LOS CIEMPIÉS

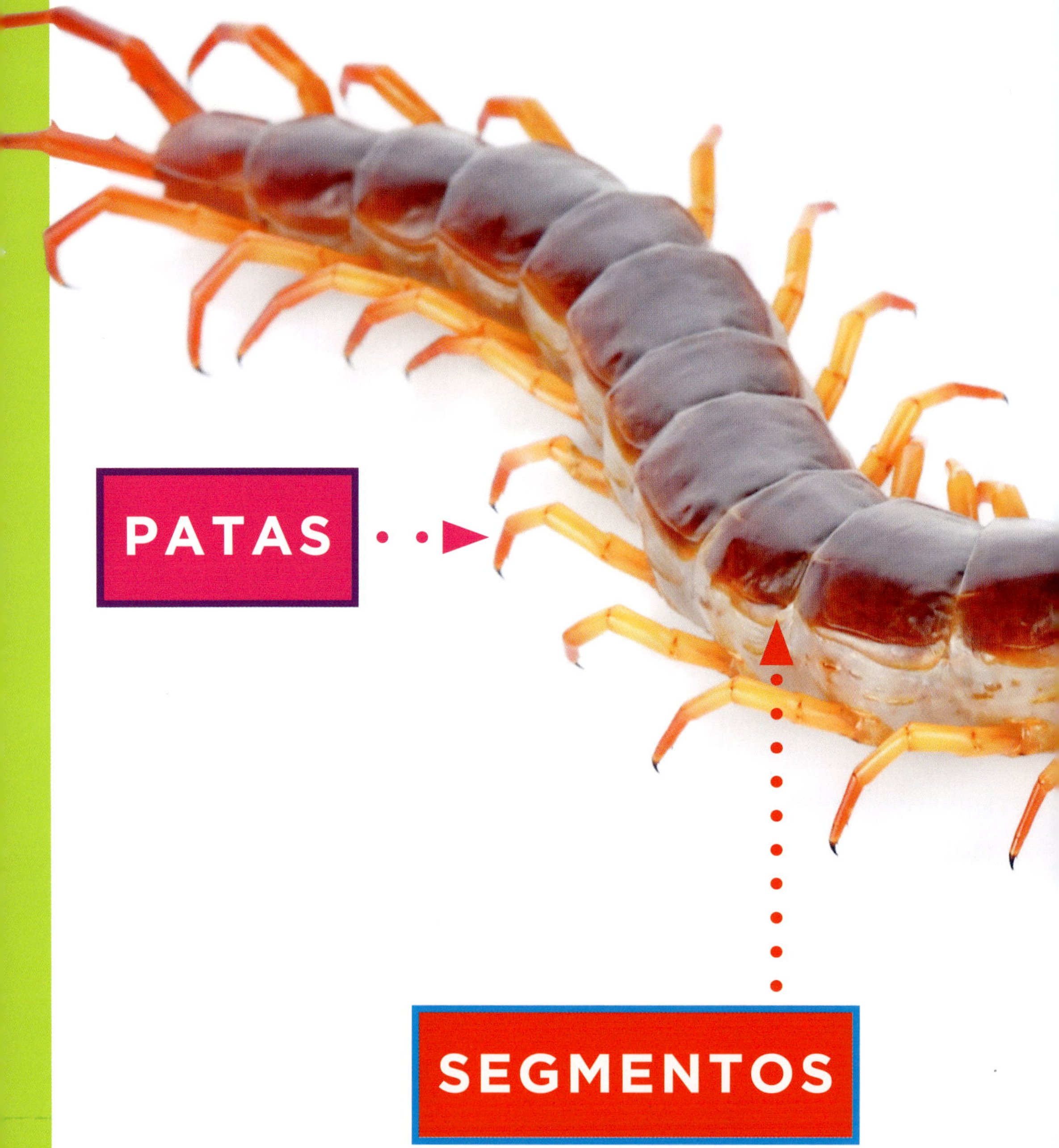

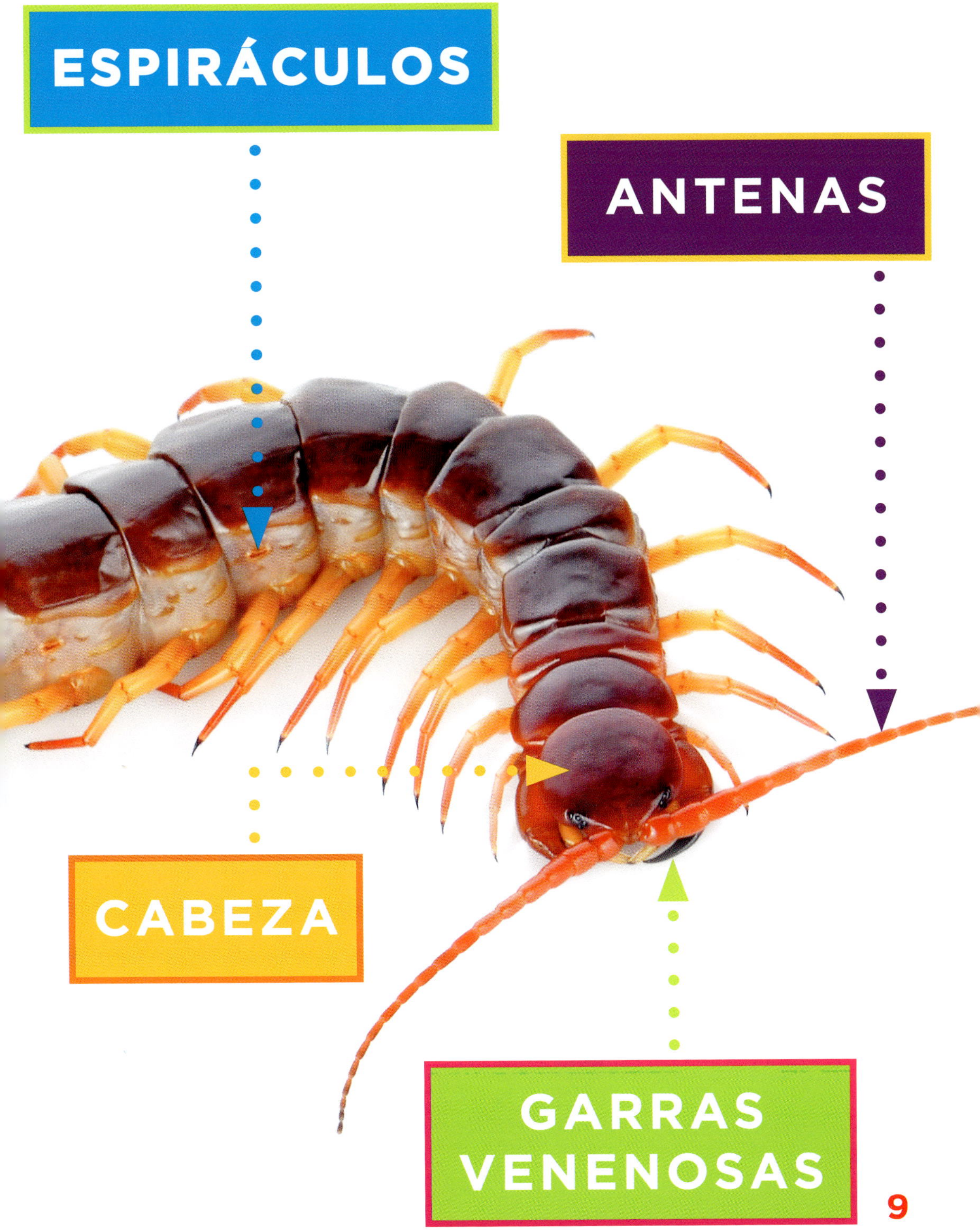
ESPIRÁCULOS
ANTENAS
CABEZA
GARRAS VENENOSAS

DÓNDE VIVEN Y QUÉ COMEN

Los ciempiés viven en todo el mundo. Les gustan los lugares húmedos, oscuros y sucios. La **composta**, las hojas muertas y la corteza suelta son muy buenos lugares donde vivir. También son grandes escondites para evitar a los **depredadores**.

Otros escondites de los ciempiés

debajo de las piedras

grietas en las paredes

debajo de troncos

MAPA DE DISTRIBUCIÓN DE LOS CIEMPIÉS

Los ciempiés viven en todos los continentes excepto en la Antártida.

En las casas

Los ciempiés domésticos viven en las casas de las personas. Lo que más les gusta son los baños húmedos y los sótanos. Cazan insectos mientras las personas duermen. Si se los sorprende, los ciempiés huyen.

En 2016, los científicos reportaron haber descubierto un ciempiés nadador. Tiene unas 8 pulgadas (20 cm) de largo.

De cacería

Los ciempiés son mayormente de hábitos nocturnos. Salen de sus casas por la noche para cazar. Muchos ciempiés tienen mala vista. Algunos ni siquiera tienen ojos. Buscan a sus presas usando el tacto y el olfato.

La mayoría de los ciempiés comen insectos. Pero los ciempiés de mayor tamaño pueden perseguir presas mucho más grandes. Los ciempiés usan veneno para matar a sus víctimas.

En la mayoría de los casos, el veneno del ciempiés es inofensivo para los humanos. Pero en algunos casos puede causar dolor, fiebre e hinchazón.

No todos los ciempiés

cuidan de sus huevos. Algunos ciempiés los abandonan. Otros incluso se los comen.

CAPÍTULO 3

VIDA FAMILIAR

Cuando hace calor, los ciempiés hembras ponen hasta 60 huevos. Algunas especies se enroscan alrededor de los huevos para protegerlos. Limpian los huevos para que no crezcan **hongos** sobre ellos. Otros ciempiés dan a luz a crías vivas.

Los huevos a menudo se desarrollan en unos pocos meses. Las crías de ciempiés se llaman **ninfas**.

Su crecimiento

Los ciempiés tienen **exoesqueletos**. Las ninfas los cambian a medida que crecen. Este proceso se llama muda. A la mayoría de los ciempiés les crecen más patas con cada muda.

CICLO DE VIDA del ciempiés

Los ciempiés hembras ponen huevos.

La mayoría de los ciempiés se desarrollan por completo en dos o tres años.

Los huevos se desarrollan en unos pocos meses.

Las ninfas mudan y crecen.

Cadena alimentaria del ciempiés

Esta cadena alimentaria muestra qué seres comen ciempiés. También muestra lo que comen la mayoría de los ciempiés.

CAPÍTULO 4

SUS FUNCIONES en el mundo

Los ciempiés pueden protegerse de los depredadores. Luchan con sus garras venenosas. Cuando un depredador agarra una pata, el ciempiés puede permitir que el atacante se la quede. El ciempiés luego huye con sus otras patas. Sin embargo, las aves, los sapos y los mamíferos pequeños comen muchos ciempiés.

Una parte importante

Algunas personas piensan que los ciempiés se ven horribles. Los llaman plagas y los matan. Los ciempiés podrán ser espeluznantes, pero son una parte importante de sus **ecosistemas**. Muchos animales dependen de ellos para comer. Además, los ciempiés domésticos comen plagas dañinas, como las chinches.

Cuando algunos ciempiés pierden una pata, les crece otra.

¡CUESTIÓN DE NÚMEROS

HASTA
6 años
DE VIDA

10 veces

con qué frecuencia mudan algunos ciempiés mientras crecen

más de
400 millones de años
EDAD DE LOS FÓSILES MÁS ANTIGUOS DE CIEMPIÉS

TIPOS CONOCIDOS DE CIEMPIÉS

cerca de
3.000

GLOSARIO

artrópodo: animales pertenecientes a un gran grupo, como cangrejos, insectos y arañas, con miembros articulados y un cuerpo formado por segmentos

composta: material orgánico en descomposición, como hojas y hierba, que se usa para mejorar el suelo

depredador: animal que se come a otros animales

ecosistema: una comunidad de seres vivos que habitan el mismo lugar

espiráculo: abertura en el cuerpo que se usa para respirar

exoesqueleto: cubierta dura y protectora en el exterior del cuerpo de un insecto o arácnido

hongo: ser vivo, similar a una planta que no tiene flores, que vive de cosas muertas o en descomposición

ninfa: insecto o criatura joven que tiene casi la misma forma que el adulto

presa: animal al que lo cazan o matan para comerlo

segmento: una de las partes en que se puede dividir algo

ÍNDICE

C

comida, 4, 15, 16, 24, 26

D

depredadores, 10, 24, 25, 26

E

esperanza de vida, 28

H

hábitats, 4, 10–11, 12–13, 15

huevos, 18, 19, 22–23

N

ninfas, 19, 20, 23

P

partes del cuerpo, 4, 7, 8–9, 16, 20, 25, 26

S

sentidos, 16

T

tamaños, 6–7, 15